[EXPLI]CATION

DU

[TITRE V] DU LIVRE XXIV DU DIGESTE

ET

DES ARTICLES 1304-1314

DU CODE CIVIL

THÈSE POUR LE DOCTORAT

PAR L. C. FAUCONNIER

AVOCAT A LA COUR D'APPEL

PARIS

DE L'IMPRIMERIE DE CRAPELET

RUE DE VAUGIRARD, 9

1849

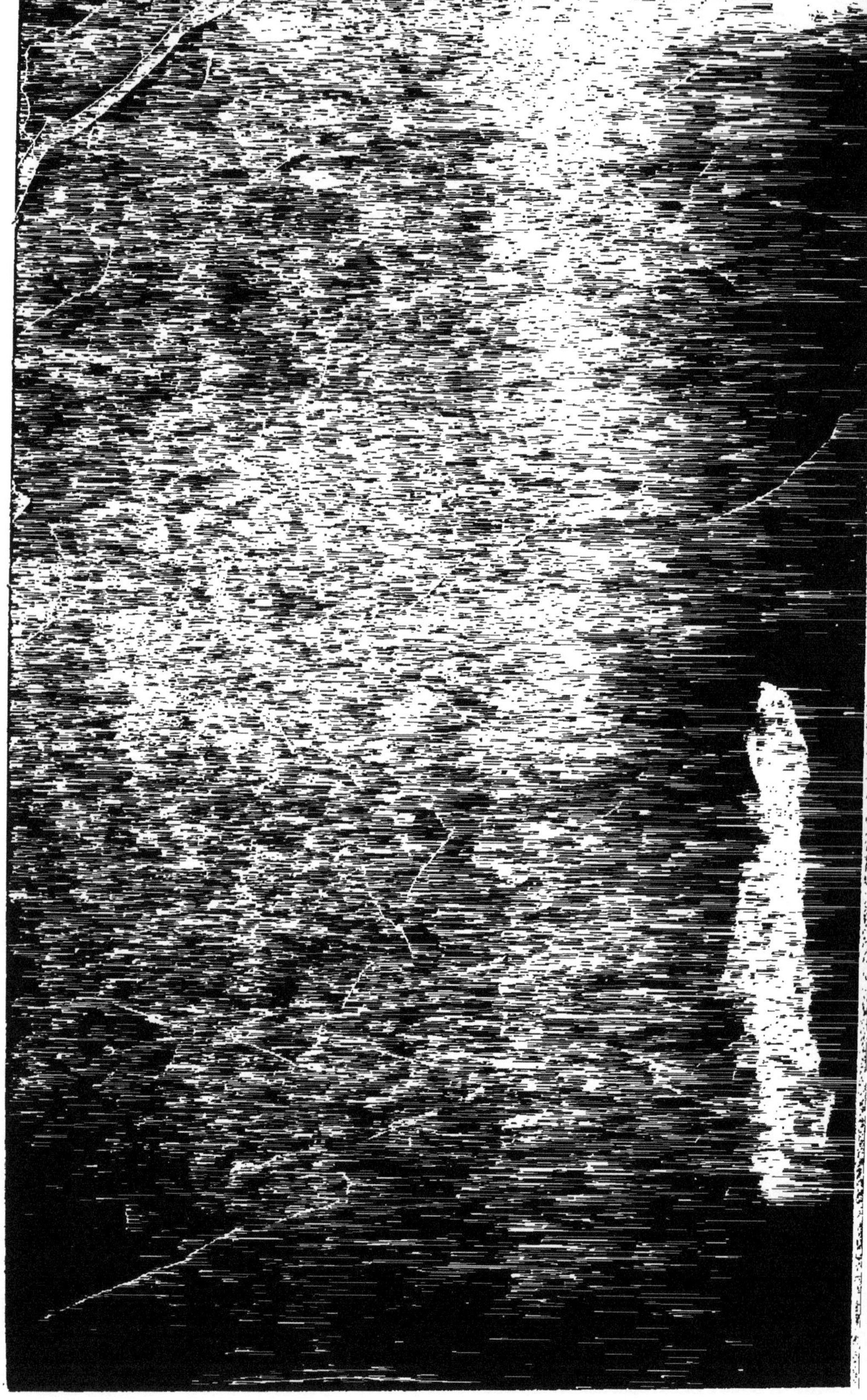

THÈSE

POUR LE DOCTORAT

L'ACTE PUBLIC SUR LES MATIÈRES CI-APRÈS

SERA SOUTENU LE VENDREDI 5 JANVIER 1849

à une heure

PAR

LOUIS-ÉDOUARD FAUCONNIER

Né à Paris

AVOCAT A LA COUR D'APPEL

PRÉSIDENT, M. PELLAT, doyen

SUFFRAGANTS, MM. BUGNET, PERREYVE, BONNIER, professeurs

DURANTON FILS, suppléant

Le candidat répondra en outre aux questions qui lui seront faites
sur les autres matières de l'enseignement

A PARIS

DE L'IMPRIMERIE DE CRAPELET

RUE DE VAUGIRARD, 9

1849

A MON PÈRE, A MA MÈRE

JUS ROMANUM.

DE MINORIBUS VIGINTI QUINQUE ANNIS.

Dig. L. 4 , t. IV.

CAPUT PRIMUM.

DE ÆTATE ET SPECIALITER DE MINORENNITATE.

Apud Romanos, sicut apud omnes gentes, in jure publico et in civili, multas differentias inter homines ætas instituit.

Quarum præcipua et in antiquissimo jure jam agnita ex pubertate nimirum oriebatur. Impuberi enim neque nuptias contrahere, neque testamentum facere licebat; qui alieni juris erat, haud obligabatur etiam auctore patre; qui sui juris, tutorem habebat, qui quidem tutor rem pupilli gerebat, negotiis ab eo faciendis integritatem quamdam et veluti absolutionem auctoritate sua interponebat, eaque deficiente auctoritate, pupillus deteriorem suam conditionem nunquam facere poterat. Pubertas autem post quasdam variationes, in masculis ex quatuordecim, in feminis ex duodecim annis æstimabatur. Neque impuberum semper eadem erat conditio,

1

quippe primum infantes, dein infantiæ proximi ac pubertati proximi habebantur, de quo quidem hic non est disserendum.

Inter puberes autem in antiquis temporibus, nulla propter ætatem erat differentia, meliorem ac deteriorem suam conditionem facere omnibus licebat, adolescentium ac virorum nullo discrimine habito.

Paulatim adolescentibus succursum est, ac primum lex Lætoria sive Plætoria, quam Plautus jam quinevicenariam appellat, legitimam sive perfectam ætatem instituit, minoribus viginti quinque annis quoddam peculiare auxilium concedens. Quæ quidem lex minoribus viginti quinque annis, verbis sponsione interdixit, judicium publicum adversus majores qui hujus ætatis adolescentes circumscripserant dedit, atque eis qui certam ob causam petebant dari jussit curatorem.

Plenius adhuc prætor minoribus viginti quinque annis subvenit, eos non modo si circumscripti sed etiam si simpliciter lapsi fuerint, in integrum restituendo, quam quidem restitutionem infra definiemus.

Marcus Aurelius quoque de adolescentibus cogitavit : apud Julium Capitolinum legimus eum statuisse ut omnes adulti curatores acciperent non redditis causis. Cui quidem, paragraphum secundum *Institutionum*, tit. *de curatoribus*, minime adversari credimus. Itaque etiam post Div. Marci constitutionem, non invitis adolescentibus, præterquam ad certas causas, curatores dabantur.

Curatores non auctoritatem interponebant sicuti tutores, sed adultorum bona administrabant, et quod ab istis gerebatur consilio suo regebant ac consensu firmabant. Adulti qui non certam ob causam, sed

quantum ad totam rem familiarem spectabat, curatorem acceperant, ejusdem erant conditionis quam
ei, quibus a prætore curatore dato bonis interdictum
fuerat (L. 3, Cod. *de in integ. restitut.*). Usque ad
vicesimum quintum annum completum erant in cura,
nisi prius a principe veniam ætatis obtinuissent; sine
curatoris consensu rem alienare non poterant. Quod
autem ad horum obligationes pertinet, haud eviden-
ter ex veterum jurisconsultorum scriptis apparet;
quam tamen veluti probabiliorem sequimur hæc est
sententia : adulti quamvis adhuc in cura, sine curatoris auxilio vel consensu recte obligabantur, restitutione in integrum, adversus hujusmodi obligationum
effectus, sufficiens auxilium præstante (L. 101, ff. *de
verb. obl. L.* 43, ff. *de oblig. et action.* § 110, *frag.
Vatic. obst. L.* 3, Cod. *de in integr. restitut.*).

Aliud etiam minorum viginti quinque annis facilitati Septimus Severus attulit remedium, tutoribus
vel curatoribus interdicens ne prædia rustica vel sub-
urbana distraherent sine prætoris decreto (L. 1, ff.
de reb. eor. qui sub.; add. L. 16, Cod. *de prædiis et al.
reb. minor.*); quàm quidem interdictionem venia
ætatis haud perimebat (L. 3, Cod. *de his qui veniam
ætat.*). Huic addenda est L. 22, Cod. *de adm. tut.*

CAPUT II.

DE PROPTER ÆTATEM RESTITUTIONE IN INTEGRUM.

§ 1. — Integri restitutionis definitio ac forma.

Prætorem minoribus viginti quinque annis sub-
venisse diximus. In edicto nimirum legebatur : *Quod*

*cum minore viginti quinque annis natu, gestum esse
dicetur : uti quæque res erit animadvertam* (L. 1, § 1,
ff. *hoc tit.*).

Ex his verbis edicti, minores, id est qui quintum
ac vicesimum annum expleverant, a momento in
momentum tempore spectato, restitutionem in integrum, id est rei vel juris amissi redintegrationem ,
quando circumventi vel lapsi fuerint, a prætore obti-
nebant.

Hæc autem restitutio quæ non solum propter ælta-
tem, sed etiam majoribus, varias ob causas veluti
dolum, vel metum, vel absentiam, dabatur, apud
magistratum competentem , id est apud eum penes
quem erat jurisdictio petebatur (L. 3, Cod. *ubi et
apud quem cognitio*), ac persæpe solito judiciorum
more obtinebatur, quamvis hoc edicto de minoribus,
in jure statim pronuntiare liceret. Modo enim rescis-
soria vel restitutoria actione , modo exceptione vel
replicatione (L. 9, § 4, ff. *de jurejur.*), modo etiam
extra ordinem cognitione (L. 13, § 1, ff. *hoc tit.*
L. 950, ff. *quod metus causa*), semper præsenti
vel vocato adversario causam redintegrabat prætor.
Nonnulli doctores aiunt hac in causa duo necessaria
fuisse judicia, primum rescindens vel interlocuto-
rium quo prætor quod actum fuerat rescindebat, secundum restitutorium quo restitutus suam rem re-
cuperabat. Hæc autem sententia minime textibus
confirmatur.

§ 2. — De restitutionis effectu.

Restitutionem ita faciendam esse, ait Paulus,
ut unusquisque in integrum jus suum recipiat

(L. 24, § 4, *hoc tit.*), ideo qui restituitur sicut nec in damno ita nec in lucro morari debet (L. unic. Cod. *de reput.*).

Hinc verbi gratia, qui adversus venditionem fundi jure venditi restituitur, fundum ac fructus ejus recipit, sed pretium ac usuras quatenus locupletior factus est reddit (L. 27, § 1, 24, § 4, 32, § 4, *hoc tit.*). Aliquando fructus cum usuris compensantur ac penes emptorem remanent (Paul. *Sent. de min.*, § 7. L. 40, hic in fine). Ei quoque necessariæ vel utiles impensæ refunduntur (L. 32, § 5, ff. *de admin. et peric. tut.*).

Ita quoque, quando minor adversus expromissionem restituitur, qui doli expers est creditor (L. 48, in fin., ff. *de fidej.*), in pristinum debitorem qui expromissione liberatus fuerat, veterem recuperat actionem, ac rursus ad agendum, quod supererat expromissionis tempore, idem tempus ei conceditur (L. 50, ff. *hoc tit.*; L. unic. § 1, Cod. *de reput.*).

Eadem ratione, transactione vel divisione ex persona minoris propter ætatem rescissa, minori ac adversario vel cohæredi pristinæ similiter actiones restituuntur (L. 1 et 2, Cod. *si adver. trans. vel divis.*). Quod quidem haud similiter esset, si actiones utriusque non cohærerent (L. 28, ff. *hoc tit.*).

§ 3. — Causæ restitutionis.

Primum ætatem probare debet, qui beneficio prætoris utitur, dein læsionem haud modicissimam (L. 24, *hoc tit.*), nec fortuito casui sed suæ inconsultæ facilitati vel adversarii dolo imputandam (L. 5, Cod. *de in integ. rest.*). Quæ quidem læsio ex eo tempore quo minor contraxit, non ex eo quo restitutionem implorat æstimatur.

Quoties autem vel ab aliis circumventi, vel sua facilitate decepti, damnum passi sunt aut lucrum omiserunt, aut quod evitare potuissent se oneri subjecerunt, eis edictum implorare licet (L. 44, *hoc tit.*). Prætor enim ait se restiturum fore adversus *quodcunque gestum* (L. 1, *hoc tit.*); quod quidem verbum hic latissimo sensu et sive de contractibus, sive de quibuscunque aliis civilibus negotiis vel perpetratis vel aliquando etiam omissis accipitur.

Sic adversus creditorem ex quo mutuam pecuniam accepit, nisi ex ea pecunia locupletior factus sit, restituitur minor (L. 27, § 1, *hoc tit.*; L. 1 et 2, Cod. *si adv. credit.*). Item adversus emptionem aut venditionem (L. 7, § 1, 49, *hoc tit.*), novationem (L. 27, § 3, 40, *hoc tit.*), interventionem (L. 7, § 3, *eod.*), dotis promissionem (L. 9, § 1, 48, *eod.;* L. unic., Cod. *si advers. dot.*), in judicem compromissionem (L. 34, § 1, *hoc tit.*), solutionem sive ipse eam fecerit sive receperit (L. 25, *eod.;* Cod. *si adv. solut.*), adrogationem (L. 3, § 6, *eod.*), sententiam sive reus sive actor fuerit (L. 7, § 4, 17, 18, § 1 et 2, *eod.;* Cod. *si adver. rem judic.*), similiter restituitur.

Ita quoque adversus aditionem vel repudiationem aut omissionem hæreditatis idem præstatur beneficium (L. 7, § 5.; L. 7, § 9, *hoc tit.;* Cod. *si minor ab hæred. se abstin. si ut omiss. hæred.;* Nov. 119, c. 6). Restitutione autem non proprie perimitur aditio, hæres manet adolescens quamvis restitutus; itaque neque substitutus vocatur, neque cohæres ad partem cohæredis invitus admittitur (L. 61, ff. *de acq. vel omit.*

hæred.; L. 7, § 10, L. 31, *hoc tit.*); sed actionibus hæreditariis non convenitur restitutus, et quæ repudiavit bona fisco deferuntur (L. 2, ff. *de success. edict.*). Quidquid ex hac hæreditate lucrum obtinuit, quidquid dolo perdidit minor reddere debet (L. unic. § 2, Cod. *de reput.*). At neque legata, neque servorum pretia refundenda sunt, ac hæreditatis creditores qui suam pecuniam receperunt eam servant.

E contrario qui relictam omissione vel repudiatione hæreditatem ut adeat restituitur minor, non revera fit hæres at tantummodo hæreditarias obtinet actiones (L. 7, § 10, *hoc tit.*); servus qui necessarius hæres substitutus fuerat liber remanet, haud revocantur quæ gesta sunt per curatorem decreto prætoris constitutum (L. 22, ff. *hoc tit.*); substitutus retinet quæcumque providentia vel solertia ex hæreditate comparavit, veluti si rem hæreditariam majore pretio vendiderit, vel cum creditoribus parva pecunia transegerit (L. 24, § 2, *hoc tit.*). Eadem conferre debet quæ contulisset si ab initio hæreditatem accepisset. Plenius autem Justinianus suis hæredibus subvenit, eis enim quando se ab hæreditate paterna abstinuerant, concedit immixtionem, etiam post rerum hæreditariarum venditionem, modo dum minores essent hæc venditio processerit (L. ult. Cod. *de repud. vel abst. hæred.*).

Item qui rem alterius gessit minor, restitutionem habet, sed id auxilium domino cedere compellitur (L. 24, ff. *hoc tit.*); quando autem ex mandatu rem majoris administravit, cessat restitutio quippe dominus damnum fert.

Imo adversus etiam tutoris vel curatoris gesta aut quæ ipse tutore auctore gessit, adolescens restituitur, sive tutor vel curator deliquerit, sive etiam recte ac sedulo fecerit, nec quæ in hunc competit actio restitutioni nocet (L. 25, ff. *de adm. et peric. tut.*; L. 29, *hoc tit.*).

Item adversus omissionem, veluti olim si usucapionem non usurpaverat minor (vid. L. unic., Cod. *si adver. usuc.*, sed vid. L. ult., Cod. *in quib. caus. restit. necess. non est*), aut emptionem penes se collocatam si neglexit, ab alio majus pretium offerenti superatus (L. 35, ff. *hoc tit.*), vel condemnatus non provocavit(L. 7, § 11, *hoc tit.*), adhuc proficit edictum.

Restitutioni propter ætatem non nocent quæ aliunde in eodem negotio eidem competere possunt actiones (L. 16, § 2, *hoc tit.*).

§ 4. — Quando cessat restitutio.

Inutilis est, ac propterea cessat restitutio, quoties quod a minore gestum ipso jure nullum est, veluti si pupillus sine tutoris auctoritate obligationem contraxerit, vel adolescens absque decreto prædium rusticum alienaverit (L. 16, ff. *hoc tit.*; L. 3, Cod. *de in integr. rest.*).

In delictis utique gravioribus restitutio recusatur, hoc tantum obtinet minor qui deliquit ut pœna mitigetur (L. 37, § 1, 9, § 3, ff. *hoc tit.*; L. 1 et 2, Cod. *si adv. delict.*). Delicto perpetrato, si minor non transegerit quum potuisset, vel inficiationis causa in duplum condemnatus fuerit, prætor ei subveniet ne plus deberet quam si transegisset aut condemnatus fuisset (L. 9, § 2, *hoc tit.*). Item contra, si adversus delinquentem agit ad pœnam ultionis causa recuperandam, haud auditur tempore persecutionis elapso (L. 37, ff. *hoc tit.*).

In contractibus etiam adversus dolum, veluti si falso ac sciens majorem se dixerit et alteram partem deceperit, non restituitur (L. 9, § 2, ff. *hoc tit.* Cod. *si min. maj. se dix.*).

Restitutionis quoque jus amittit, qui quum contrahit jurejurando apud aras præstito, contractum confirmat, quod quidem de contractu jure nullo haud accipitur (L. 1, Cod. *si adv. vend.*).

Cessat quoque in præscriptionibus restitutio, nec mirum, quippe plerumque præscriptiones minoribus haud opponuntur (L. 2 et 5, Cod. *in quib. caus. in integ.*). Eadem quoque ratione si minor debitorem interpellare omiserit, adversus hanc omissionem non restituitur, quippe inutilis erat interpellatio quum reipsa debitor esset in mora (L. 3, Cod. *in quib. caus. in integ. rest. non est necess.*).

Adversus libertatem recte servo concessam frustra petitur restitutio, status enim mutari non potest (L. 9, § ult.; L. 10, ff. *hoc tit.*). Ex magna solum causa ac perraro, a principe, non a prætore, libertas retractatur; at si suo dolo servus vel negligentia curatoris, vel emptoris facto, suam obtinuerit manumissionem, minori subvenit prætor actiones in factum adversus manumissum vel emptorem vel curatorem concedendo. Eadem ratione adversus sententiam de libertate latam haud restituitur (L. ult., Cod. *si adv. libert.*).

Denique non datur restitutio contra solutionem cum auctoritate judicis factam (§ ult. Inst. *quib. alien. lic. vel non*).

Qui veniam ætatis a principe obtinuit minori, restitutionem implorare non licet (L. 1, Cod. *de his qui ven. ætat.*), quæ quidem venia conceditur majoribus annis viginti maribus, ac feminis biennio citius; attamen post veniam ætatis, a donationibus inconsultis adhuc restituuntur (L. ult., Cod. *si maj. fact. alien. rat. hab.*).

§ 5. — De his quibus indulgetur restitutio.

Minores viginti quinque annis tum sui tum alieni juris, utuntur edicto ; filiofamilias etiam haud recusatur restitutio, sed diligenter animadvertendum est ne in patrem utilitas redundet. Nunquam ergo pater qui convenitur propter filii obligationem ejus ætate merito se defendet, nisi veluti filii hæres aut procurator agat (L. 3, §4, L. 5, L. 27, ff. *hoc tit.*, L. 2, Cod. *de filiofam. min.*).

Item majori minoris consorti veluti cohæredi vel socio nisi de re individua agatur non proficit edictum (Cf. L. unic. Cod. *si in comm. eod.* L. 47, §1, ff. *hoc tit.*; L. 10, ff. *quem servit. amitt.*).

Fidejussoribus minoris hoc quoque beneficium competit quando minor circumscriptus fuerit, aut etiam fidejussores dolo adversarii fidejusserint (L. 1 et 2, Cod. *de fidej. min.*; L. 7, *in fin.* ff. *de except.*); competit quoque si fidejusserint pro minore certam ob qualitatem indutam obligato, veluti quia hæreditatem adierit vel alicujus defensionem susceperit, ac adversus hanc qualitatem restitutus fuerit (L. 89, ff. *de acq. vel omitt. hæred.*; L. 51, ff. *de procur.*). An autem etiam competat fidejussoribus quando minor simpliciter facilitate sua lapsus fuerit, ac nec diserte nec tacite ipsius ætatis in se receperint pericu-

lum, inter interpretes valde dubitatur (Cf. Paul.
Sent. L. 1, T. 9, § 6; L. 3, § 4, L. 13, *pr.*, ff. *hoc tit.*;
L. 95 , § 3, ff. *de solut.*; L. 2, § 1, ff. *de adm. tut.*;
L. 25, ff. *de fidej.* Cod. *de fidej. min.*).

§ 6. — De his adversus quos restitutio competit.

Contra quemlibet prætor minoribus subvenit, ex-
ceptis, tempore saltem Justiniani, parentibus patro-
nisque utriusque sexus (L. 27, § *fin. hoc tit.* ; L. 2,
Cod. *qui et adv. quos*). Datur etiam adversus fiscum
(L. 1, Cod. *si adv. fisc.*).
Quid autem si minor cum minore contraxerit ?
Distinguendum, nam si alteruter tantum captus fuerit,
ei succurritur (L. 11, § *fin.*, ff. *hoc tit.*), sin autem
uterque, neutri subvenietur at melior erit causa possi-
dentis (L. 34, *pr.*; ff. *hoc tit.*; L. 128, ff. *de reg. juris.*)
Vulgo restitutio in personam datur, interdum quo-
que in rem adversus eos qui non cum minore con-
traxerunt, sed rem ab eo alienatam detinent, conceditur, modo isti possessores scientes minorem esse
læsum acquisierint, vel haud aliter minori subvenire
liceat (L. 13, § 1; L. 14; L. 15; L. 27, § 2; ff. *hoc tit.*).

§ 7. — Quandiu minoribus edictum proficit.

Exstinguitur jus restitutionis, si major factus quod
minore ætate gesserat ratum habeat vel expresse sive
verbis sive scriptis, vel facto, negotii quod restitutionem patiebatur exsecutione (L. 30, ff. *hoc tit.*;
. L. 1 et 2, Cod. *si maj. fact.*); nisi tamen hæc exse-
cutio actus jam minore ætate perfecti necessaria sit

sequela, ac voluntatem rati habendi non demonstret (L. 3, § 2, *hoc tit.*).

Lapsu temporis quoque, id est silentio minoris, hoc perimitur beneficium. Olim quidem ex edicto prætoris annus utilis a perfecta ætate vel venia ætatis impetrata præstitutus fuerat. Constantinus pro anno utili Romæ quinquiennium substituit, in Italia quadriennium et in provinciis triennium continuum (L. 2, Cod. Th. *de in integ. restit.*). Justinianus tandem voluit ubique intra quadriennum continuum restitutionem peti ac impetrari (L. 7, Cod. *de tempor. in integ.*).

Quum non a minore sed ab hærede ejus restitutio peteretur, hæc adhibenda erat distinctio : si minor minori successerat, idem tempus a perfecta ætate dabatur; si major minori, ab adita hæreditate quadriennium supputabatur; si minor majori qui nondum completo quadriennio vita functus fuerat, quod supererat temporis, sed postquam iste minor vicesimum quintum annum compleverat, indulgebatur (L. 2 et 5, § 2, Cod. *de temp. in integ. rest.*; L. 19, § 1, ff. *de min.*).

Plus quam semel haud decernitur restitutio, quod quidem non impedit quin in eodem negotio diversæ restitutiones impetrentur, quando in contrarios fines ad eumdem exitum postulantur, de quo in lege 7, § 9, *hoc tit.* apparet exemplum. Adversus sententiam quæ restitutionem recusavit haud ergo restituetur, nisi ex nova causa postuletur. At qui de ea sententia non provocavit, adversus hanc provocationis omissionem si restitui velit, audietur (Cod. *si sæp. in integ.* L. 7, § 9, ff. *hoc tit.*).

POSITIONES.

I. Non invitus curatorem minor viginti quinque annis accipit.

II. Minor viginti quinque annis non præsente curatore recte obligatur.

III. In restitutionibus, quamvis extraordinaria dicantur remedia, plerumque datur judex.

IV. Sæpe fidejussoribus minorum restitutio prodest.

V. Minor ab ipsa ætatis venia impetrata restitui potest.

VI. Minoris aditione quamvis postea restituti substitutio evanescit.

VII. Haud adversantur legi 9, § 1, ff. *de minor.*, L. 61, neque L. 6, § 2, ff. *de jure dotium.*

VIII. Lex 1, Cod. *si adv. vend.* et *Authentic.* Friderici, de licitis tantum contractibus et jure validis accipiendæ sunt.

DROIT FRANÇAIS.

DES NULLITÉS EN MATIÈRE DE CONTRATS.

(Code civil, articles 1304-1314.)

La théorie des nullités a toujours été considérée comme l'une des plus difficiles. Parmi les jurisconsultes qui s'en sont occupés, il en est peu qui soient parvenus à exposer un système exempt de contradictions. Nous ne croyons pas que les rédacteurs du Code aient mieux réussi : l'insuffisance de leurs formules, l'indécision de leur langage ouvrent encore une vaste carrière à la controverse.

Cette obscurité est d'autant plus regrettable, que la théorie des nullités est une des plus importantes; elle reçoit des applications dans la plupart de nos lois, car tout commandement, toute prohibition a généralement une sanction, et cette sanction est souvent la nullité de l'acte qui a été accompli au mépris de la volonté du législateur. « Ici, dit Prost de Royer[1], nous pourrions placer tout le droit, comme Prévôt de La Janès a fait sous le mot *Action*. »

Il est évidemment impossible d'examiner dans une

[1] Dictionnaire, v° *Annuler*.

thèse les nombreuses questions qui se rattachent à cette matière; nous nous bornerons à énoncer les principes généraux en nous arrêtant principalement sur les articles de la section VII du titre *des contrats*.

Nous expliquerons d'abord les diverses espèces de nullités, nous en rechercherons les causes, puis nous exposerons les règles de l'action en nullité ou en rescision.

CHAPITRE PREMIER.

DES NULLITÉS EN GÉNÉRAL. — DES DIFFÉRENTES SORTES DE NULLITÉS. — RÈGLES D'INTERPRÉTATION EN MATIÈRE DE NULLITÉS.

§ 1. — Des nullités en général.

Les mots *nullité, acte nul,* ont souvent été pris dans un double sens et les équivoques qui en sont résultées, n'ont pas peu contribué à augmenter les difficultés de cette matière.

L'imperfection d'un acte juridique (nous prenons ici le mot *acte* dans les deux sens qu'on lui donne communément, soit pour désigner le fait obligatoire, soit pour exprimer l'écrit qui le constate), n'entraîne pas toujours les mêmes conséquences. Quelquefois, elle est telle qu'elle empêche cet acte de naître, l'une ou plusieurs des conditions essentielles à l'existence de fait ou de droit de l'opération que les parties se proposaient d'accomplir manque entièrement, ce n'est qu'une simple apparence, c'est ce qu'on appelle dans la véritable acception du mot un *acte nul* ou *inexistant*.

D'autres fois l'imperfection est moins importante ; elle est assez grave pour autoriser l'annulation de l'acte qu'elle amoindrit, mais provisoirement elle ne l'empêche pas d'exister, c'est une réalité, mais une réalité conditionnelle ; c'est ce qu'on appelle un *acte nul* ou *annulable*.

Ainsi l'expression *acte nul* a deux sens bien distincts ; nous ne l'emploierons que dans la première acception, et nous appellerons *annulable* l'opération que nous venons de définir en dernier lieu.

Le mot *nullité* s'emploie indifféremment pour désigner ces deux qualités ; la loi et les auteurs s'en servent, soit qu'ils veuillent caractériser l'invalidité d'un acte nul, soit qu'ils veuillent définir l'annulabilité d'un acte imparfait. Souvent aussi la nullité est le fait ou l'omission qui produit cette invalidité ou cette imperfection.

Ce langage est défectueux, on devrait distinguer les *nullités* des *annulabilités*, mais il est tellement familier aux personnes qui ont traité de notre sujet, que nous devons aussi l'employer ; autrement, il faudrait rejeter des distinctions devenues classiques, et refaire constamment la rédaction des articles que nous aurons à expliquer.

Cette distinction entre les actes nuls ou inexistants et les actes annulables, n'est pas exprimée dans le Code civil ; on en trouve seulement quelques traces dans les travaux préparatoires [1]. Les anciens auteurs

---

[1] Voy. Disc. au conseil d'État sur le titre *du Mariage*, Locré,

2

ne sont pas généralement plus explicites ; ils parlent d'actes nuls d'après les ordonnances ou les coutumes, et d'actes annulables par voie de lettres de rescision ; mais ces dénominations ne correspondent pas à celles que nous venons d'expliquer ; ces deux espèces d'actes produisaient des effets, du moins en règle générale, tant que la nullité n'en était pas prononcée ; la différence était dans la procédure et la durée de l'action [1].

Il est cependant nécessaire de s'attacher à cette distinction des actes nuls ou inexistants et des actes annulables ; ce doit être, selon nous, la base de toute théorie sur les nullités.

Un acte nul ne produit aucun effet, son existence est indépendante de toute contestation judiciaire ; aucune prescription, aucune confirmation ne le validera ; à quelque époque que ce soit, on en repoussera les prétendues conséquences soit par voie d'action soit par voie d'exception ; le juge peut en reconnaître d'office la nullité [2].

t. IV, p. 324, 327, 371 ; M. Jaubert, rapp. au tribunat sur la première partie du titre *des contrats* ; Locré, t. XII, p. 491 ; observations du tribunal de cassation sur les articles 191 et suiv. du même titre, Fenet, t. II, p. 597.

[1] Dunod a compris la division précédente, mais il s'est servi d'expressions impropres ; il a confondu les nullités absolues avec les nullités radicales, et il ne s'est pas attaché rigoureusement aux conséquences de son principe, car il a admis que ces nullités radicales ou absolues pouvaient se prescrire d'après les circonstances : « Il y a des auteurs, dit Dunod, qui tiennent que les nullités absolues sont couvertes par cent années ; Fachiné les réfute, comme on l'a dit, et son opinion est la plus commune. Je crois cependant qu'on doit laisser la question à l'arbitrage du juge, pour la décider suivant les circonstances, la qualité et l'importance de la nullité. » *Traité des prescriptions*, part. I, chap. VIII, p. 49.

[2] D'Argentré sur l'art. 266, *Coutume de Bretagne*.

Un acte annulable produit les mêmes effets qu'un acte régulier, tant que les parties intéressées n'en demandent pas l'annulation; il faut un jugement, ou tout au moins un acquiescement, pour le mettre au néant; la cause d'annulation peut être effacée par une confirmation expresse ou tacite; on n'est recevable à s'en prévaloir que pendant un certain temps.

C'est seulement à l'acte nul ou inexistant que s'applique la règle : *Quod initio vitiosum est non potest tractu temporis convalescere;* règle qui n'est pas toujours d'une exactitude absolue. Aujourd'hui comme dans le droit romain (Cf. L. 27, ff. *de ritu nupt.;* L. 65, § 2, *eod.;* L. 5, Cod. *si alien. res pign.;* L. 40, ff. *de pignerat. action.; etc.)*, on recule quelquefois devant la conséquence rigoureuse du principe, et on aime mieux élever une simple apparence à la hauteur d'un acte juridique, que d'admettre une nullité nécessaire au point de vue de la logique, inutile peut-être à celui de l'équité (Cf. Cod. civ., art. 1340 ; voy. Pothier, *Traité du contrat de mariage,* n°s 308 et 309).

§ 2. — Des diverses sortes de nullités.

On divise ordinairement les nullités en plusieurs catégories : la principale est celle des nullités absolues et des nullités relatives ou respectives.

On appelle *absolues,* celles qui peuvent être invoquées par toutes les parties intéressées à s'en prévaloir; *relatives,* celles qui ne profitent qu'à une ou à plusieurs personnes déterminées en faveur desquelles la loi les prononce.

Cette division ne se confond pas avec celle des actes nuls et des actes annulables. Sans doute, l'inexistence d'un acte peut être alléguée par tout le monde, le néant n'a de valeur pour personne ; tout acte nul est donc frappé d'une nullité absolue ; quant à l'acte annulable, l'imperfection qui l'amoindrit, a le plus souvent pour cause l'intérêt de l'une des parties contractantes, aussi n'est-il entaché ordinairement que d'une nullité relative, mais il est des cas où cette imperfection peut être alléguée par toutes les parties intéressées et où elle engendre par conséquent une nullité absolue (voy. C. civ., art. 184, 185 et 144).

Une autre distinction, qui paraît aussi se rattacher à la précédente, est celle des nullités d'ordre public et d'intérêt privé. Celles-ci ont pour cause une infraction qui ne lèse que les parties contractantes, ou l'une d'elles, ou ses créanciers ; celles-là une infraction à l'ordre public ou aux bonnes mœurs. Les premières sont absolues ou relatives, selon qu'elles ont pour fondement l'utilité de toutes les parties ou de l'une d'elles seulement, elles sont presque toujours relatives ; les secondes sont toujours absolues, elles peuvent être invoquées par toutes les parties intéressées et par le ministère public (L. 20 avril 1810, art. 46).

On a distingué encore des nullités de droit et des nullités par voie d'action. Les unes, dit-on, résultent de la loi même, les autres doivent être prononcées par le juge. Ainsi exprimée, cette division manque de base : d'une part toutes les nullités résultent de la loi ; d'autre part, toutes les nullités qui font l'objet d'un procès sont déclarées par le magistrat ; c'était même une règle de notre ancien droit, que les nullités devaient être prononcées par les tribunaux. Dans tous les cas, la justice n'attribue aucune espèce de droit, elle se borne à reconnaître, à constater le résultat de la loi.

Cependant le législateur emploie souvent ces expressions, et oppose les nullités de droit aux nullités qu'il est nécessaire de faire prononcer.

Ces expressions empruntées au droit romain n'ont pas partout le même sens. Anciennement, les nullités de plein droit étaient celles qui résultaient immédiatement de la loi; on les opposait aux nullités que l'on ne pouvait invoquer sans lettres de rescision. Aujourd'hui, la nullité de droit est souvent la nullité proprement dite, celle qui s'applique à l'acte inexistant; la nullité qu'il faut faire prononcer n'est alors que l'annulabilité (Cf. C. civ., 1117, 1184). Quelquefois la nullité de droit désigne l'annulabilité, mais l'annulabilité qui résulte d'un fait très-simple, très-facile à vérifier, une date, par exemple; la nullité qu'il faut faire prononcer est alors celle qui résulte d'un fait complexe, la lucidité d'esprit, la lésion, la fraude, fait que le juge ne peut découvrir sans une appréciation plus ou moins délicate (Cf. 502 [1], 503).

Pour quelques personnes, la nullité de droit est celle que tout le monde peut invoquer, cette expression de droit est alors synonyme d'*absolue*. Nous ne croyons pas que le législateur lui ait jamais attribué

---

[1] La rédaction de l'article 502 n'est peut-être qu'une réminiscence de l'ancien droit français. Les actes de l'interdit y étaient nuls de plein droit, c'est-à-dire sans qu'il fût nécessaire pour les faire annuler d'obtenir des lettres de rescision; il en était autrement des actes des mineurs (voy. Merlin, *Rép.*, v° *Interdiction*, § 6, n. 6).

ce sens; dans les exemples que l'on cite ordinairement, *nul de droit* signifie *inexistant*.

§ 3. — Règles d'interprétation.

Les jugements qui prononcent des nullités ont le
plus souvent des conséquences fort graves; en mettant
au néant un acte que les parties ou les tiers avaient
pu croire valable, on en fait disparaître tous les effets;
les espérances qu'il avait produites, les opérations
dont il avait été la base s'écroulent en même temps.
Ce n'est donc qu'avec la plus grande circonspection
et en s'appuyant d'une manière certaine sur la volonté du législateur, que le magistrat doit prendre
de semblables décisions.

Faut-il conclure de là, qu'il n'existe pas d'autres
nullités que celles qui ont été formellement prononcées par la loi? Nullement; une pareille règle d'interprétation conduirait aux résultats les plus absurdes;
elle est à la vérité formulée par l'article 1030 du Code
de procédure, mais elle est tout à fait fausse si on
l'applique aux matières du Code civil, elle n'est même
pas vraie d'une manière absolue pour les actes de
procédure.

Sans doute, il arrive souvent que le Code déclare
lui-même la nullité (voy. 896, 931, 943, 944, 945,
1001, 1099, 1596, 1599, 2055, 2056, 2063, 180
et suiv.); mais souvent aussi, il énonce sa volonté
sans en indiquer la sanction, et c'est à l'interprète à
la découvrir.

On distingue ordinairement entre les dispositions
impératives et les dispositions prohibitives, et l'on

dit que tout acte contraire à la prohibition du législateur est nul ; que tout acte contraire à l'ordre qu'il a donné, est nul ou valable, suivant que la violation de la loi fait perdre à cet acte un de ses éléments essentiels ou seulement un élément accidentel. Cette distinction n'est peut-être pas très-philosophique, car de quelque manière que le législateur ait parlé, sa volonté devrait toujours avoir la même force ; il est évident qu'il défend implicitement le contraire de ce qu'il ordonne. Cependant elle occupe trop de place dans les écrits des auteurs pour que nous puissions la négliger.

La première partie de cette règle, avait été reproduite en ces termes, dans le livre préliminaire du projet de Code civil : « Les lois prohibitives emportent peine de nullité, quoique cette peine n'y soit pas formellement exprimée. » Le tribunal de cassation proposa le retranchement de cet article, comme inutile et dangereux [1]. L'article disparut avec tout le livre préliminaire ; il n'est pas démontré que ce soit l'observation du tribunal de cassation qui l'ait fait supprimer, il importe donc d'en examiner la valeur.

L'origine de cette disposition est dans la loi 5 au Code *de legibus* : « ... *hoc est, ut ea, quæ lege fieri prohibentur, si fuerint facta, non solum inutilia, sed*

---

[1] Fenet, t. II, p. 419. « A quoi reconnaîtra-t-on le vrai caractère d'une loi prohibitive ? Sera-ce l'expression dont le législateur se sera servi qui le déterminera ? Mais combien de lois emploient la tournure prohibitive, lorsque leur véritable sens n'est que d'ordonner, de disposer ? Et quel champ ouvert aux procès, s'il faut chercher dans l'intention de la loi, le vœu prohibitif, pour en conclure qu'elle emporte peine de nullité ! »

pro infectis etiam habeantur : licet legislator fieri prohibuerit tantum, nec specialiter dixerit inutile esse debere quod factum est. » Mais déjà en droit romain la règle n'était pas absolue, car Ulpien, dans le premier titre de ses fragments, appelle *lex imperfecta* celle qui ne rescinde pas les actes contraires à sa défense. Le droit canonique a adopté une proposition toute contraire à celle de la loi 5 *de leg.* en disant : *Multa fieri prohibentur, quæ si facta fuerunt obtinent firmitatem* (ch. XVI. X. *de reg.*).

Nos anciens auteurs ont examiné la question ; Alciat a nié en ces termes l'autorité de la loi 5, Cod. *de leg.* « *Negativam verbo posse antepositam non excludere omnem potentiam, quod in nostra hæc tempora opinati sunt juris periti*[1]. » Dumoulin au contraire a reproduit la règle et l'a rendue célèbre par la fameuse phrase : *Negativa præposita verbo potest, tollit omnem potentiam juris et facti, et inducit necessitatem præcisam designans actum impossibilem*[2]. Mais Dumoulin n'avait pas lui-même une très-grande confiance dans sa proposition, car il a soin d'ajouter : « *Intellige quando hoc respicit formam quæ dat esse rei; vel quando lex absolute prohibet; secus, quando ultra procedit providendo de remedio ; etiam secus, quando subjecta materia ostendit dictum esse præsumptive, vel propter certum finem, qui cessare potest et separari ab actu; unde Alciat male impugnat hanc regulam, quam debuit limitare ex materia subjecta.* »

Domat[3] s'exprime à peu près dans le même sens.

---

[1] Parad. L. 3 , ch. IV.

[2] T. III, p. 18, sur la loi 1, ff. *de verb. oblig.*

[3] *Lois civiles.* L. prél., t. I, sect. I, n. 20.

Aujourd'hui, les raisons de douter peuvent ainsi se résumer : Il est dans le Code plusieurs dispositions prohibitives qui n'entraînent cependant pas nullité (Cod. civ., art. 64, 228, 296, 297, 298); il en est d'autres qui sont suivies d'une clause irritante (1596, 1597, 2063, etc.), clause qui serait inutile, si la formule prohibitive la renfermait implicitement.

Les raisons de décider ne sont pas moins importantes. Il existe une foule de dispositions prohibitives dont la violation est une cause de nullité, tout le monde le reconnaît (Cod. civ., art. 5, 6, 25, 344, 366, 445, 463, 464, 791, 903, 904, 1035, 1076, § 2, 1097, 1119, 1389, 1390, 1395, 1422, 1600, 1678, 1860, 1981, 2012, 2045, §§ 2 et 3, 2078, 2126, 2128, 2129, § 2, 2205, 2206, 2213, 2214, 2215, § 2, 2220, 2223).

Ajoutons que le langage du droit est encore trop imparfait, pour qu'on puisse induire une règle, de quelques clauses surérogatoires. Enfin, et c'est selon nous la raison déterminante, il est souvent impossible de donner une autre sanction à la loi; or la sanction la plus naturelle est évidemment la nullité de ce qu'elle défend; on ne comprend pas que le législateur fasse une prohibition et ne punisse d'aucune manière celui qui y contrevient. « La loi serait trop imparfaite, disait Domat[1], qui n'annulerait pas ce qui serait fait contre ses défenses, et qui laisserait impunie la contravention. »

Nous pensons donc qu'il faut encore appliquer aujourd'hui la loi 5 au Code *de legib.*, mais avec les précautions qu'indiquait Dumoulin, *secundum*

---

[1] *Loc. cit.*

subjectam materiam. — Ainsi, on admettra la règle, lorsque la prohibition aura pour cause une incapacité personnelle, lorsqu'elle portera sur un acte, à raison même de cet acte, ou sur une formalité substantielle. Au contraire, on la rejettera généralement lorsque, à côté de la défense, le législateur aura prononcé une peine autre que la nullité (Code civ., 1397, 1er al.). On devrait la rejeter également si le but de la loi ne pouvait plus être atteint, même par la mise au néant de l'acte défendu (228).

Les auteurs ont proposé d'autres distinctions, mais elles ne sont pas assez précises, elles souffrent elles-mêmes trop d'exceptions, pour qu'il soit utile de s'y arrêter [1].

Quant aux lois impératives, la difficulté n'est pas moins grande. Comme principe général, la proposition que nous avons énoncée est vraie : l'infraction entraîne nullité, si elle fait perdre à l'acte [2] un élément essentiel. Mais il n'est pas toujours facile de reconnaître quelles sont parmi les formalités prescrites les principales et les secondaires ; celles dont l'existence est nécessaire, et celles au contraire, qui tout en ayant quelque utilité, ne sont pas indispensables. Il nous suffit pour faire voir à quels embarras l'interprète est souvent réduit, de rappeler les controverses auxquelles l'article 2148 du Code civil a donné naissance. Ce serait sortir de notre sujet que d'examiner les nombreuses questions d'application qui se sont présentées ; on ne peut encore ici formuler aucune règle

---

[1] Cf. *Encyclopédie*, v° *Nullité*.

[2] Nous prenons toujours le mot *acte* dans les deux sens habituels.

précise, on en est réduit à dire comme tout à l'heure .
il faut rechercher le but que se proposait le législateur et statuer *secundum subjectam materiam.*

L'article 1030 du Code de procédure apporte une
première exception à cette théorie. Nous avons dit
qu'il ne fallait pas l'entendre d'une manière absolue;
il y a, en effet, dans les exploits et généralement
dans tous les actes de procédure, certaines mentions
sans lesquelles ces actes ne peuvent exister juridi-
quement. Lorsqu'ils ne les renferment pas ils sont
entachés de nullité, alors même que la loi ne l'aurait
pas exprimé. Nous donnerons comme exemples : une
citation devant le juge de paix qui n'indiquerait pas
le jour de la comparution, un rapport d'experts, dans
une vente de biens de mineurs, qui ne contiendrait
pas les bases d'une estimation ; et cependant ni l'article 1ᵉʳ, ni l'article 971 du Code de procédure, ne prononcent la nullité. Il faut donc encore ici revenir à
la distinction des formes principales ou essentielles,
et des formes secondaires ou accidentelles, et n'appliquer l'article 1030 qu'à ces dernières; nous ne
croyons même pas que cet article régisse, du moins
en général, les dispositions prohibitives du Code
de procédure (Cf. Cod. de pr., 545, 303, 593,
626, etc.).

Enfin les articles 407 et 408 du Code d'instruction criminelle consacrent une seconde exception,
en indiquant formellement les causes de nullité de
l'instruction et du jugement, et en rangeant parmi
ces causes la violation ou l'omission des formalités
que la loi prescrit à peine de nullité. Là encore la
jurisprudence a admis la distinction que nous signa-
lions tout à l'heure, et a décidé que des arrêts ou

jugements pouvaient être cassés pour certaines violations, bien que la loi n'ait pas prononcé la nullité, s'il s'agissait de formalités substantielles. Ainsi l'on a annulé des procédures criminelles, lorsque la liste des jurés était incomplète ou inexacte. La violation d'une prohibition pourrait aussi entraîner la nullité, ainsi tout arrêt rendu contrairement à l'article 4 du Code d'instruction criminelle serait nul.

Lorsque la loi prononce implicitement ou explicitement une nullité, le juge a une autre difficulté à résoudre : Est-ce une nullité proprement dite, est-ce une simple annulabilité? Sur ce point encore, le législateur est muet. En général, si l'acte réunit toutes les conditions nécessaires à son existence juridique, et si l'infraction à la loi ne lèse qu'un intérêt privé, c'est une simple annulabilité; dans le cas contraire, c'est une nullité; mais cette règle n'est pas sans exceptions (voy. art. 1340, 943).

CHAPITRE II.

DES CAUSES DE NULLITÉ, EN MATIÈRE DE CONVENTIONS.

§ 1. — Des causes de nullité en général.

Les conventions, considérées comme source d'obligations, doivent réunir quatre éléments : le consentement des parties et leur capacité, un objet certain et une cause licite dans l'obligation.

Les contrats solennels doivent en outre revêtir une certaine forme, qui est également une condition d'existence.

L'absence complète de l'un de ces éléments empêche le contrat de se former ; ainsi, pas de contrat, si l'une des parties croyait faire une vente et l'autre un louage, car il n'y aurait pas de consentement ; il en serait de même, si l'obligation était souscrite par un enfant en bas âge, car la capacité manquerait ; de même encore, si la chose promise n'existait plus au moment de la convention, car l'obligation n'aurait pas d'objet, ou si dans un contrat synallagmatique l'obligation de l'une des parties était nulle, car l'obligation de l'autre n'aurait pas de cause. Ainsi encore pas de contrat de mariage sans un acte notarié, car la convention manquerait en quelque sorte du vêtement qui lui est indispensable.

Voilà cinq motifs de nullités proprement dites. Il existe en outre de nombreuses causes d'annulabilité. Il peut se faire que les éléments essentiels de la convention y soient réunis, mais que l'un d'eux soit incomplet ou imparfait ; ainsi le consentement peut être le résultat de l'erreur, du dol, de la violence. L'une des parties, sans être entièrement privée de discernement, sans être dès lors tout à fait incapable de donner un consentement réfléchi, peut, soit par un motif physique, soit par une raison d'ordre public, être frappée par la loi d'une incapacité relative ; tels sont les mineurs, les interdits, les femmes mariées non autorisées, les prodigues. La cause, l'objet de l'obligation, peuvent également être incomplets, ainsi une partie de la chose vendue n'existait plus au moment de la vente, etc. — Dans tous ces cas, la convention n'est pas nulle, mais elle est annulable ; elle est entachée d'un vice qui peut la faire rescinder, mais qui peut aussi disparaître par suite d'une ratification expresse ou tacite. L'erreur, le dol, la violence, la minorité, l'interdiction, le défaut d'autorisation maritale ou d'assistance du conseil judiciaire, la destruction partielle de la chose promise, sont donc des causes d'annulabilité. La lésion est également une cause de rescision à l'égard des mineurs, elle ne peut être invoquée par les majeurs qu'en matière de vente d'immeubles ou de partage.

Il est enfin beaucoup d'autres causes de nullité ou d'annulabilité, que des raisons d'intérêt privé ou d'ordre public, ont fait admettre, et dont l'explication ne peut entrer dans notre cadre.

Nous craindrions même de donner à cette thèse des développements inutiles, si nous exposions ici la théorie du dol, de la violence, de l'erreur, de l'autorisation maritale, de l'assistance du conseil judiciaire ; nous nous bornerons, pour ne pas sortir de la section qui nous a été indiquée, à parler de la minorité et de l'interdiction.

§ 1. — De la nullité pour cause de minorité.

La minorité est également une cause d'annulabilité (1305, 1304, 1311). Ici encore la rédaction du Code est des plus obscures, et elle a grandement exercé la sagacité des interprètes. Nous croyons qu'il n'est pas possible d'apercevoir la pensée du législateur, si l'on ne sait quelle était sur cette matière l'opinion des anciens jurisconsultes. Nous espérons

démontrer, en nous appuyant sur les travaux prépa-
ratoires du Code civil, que c'est, à de rares exceptions près (1314, 462, 463), l'ancienne théorie qui
nous régit aujourd'hui.

On ne pensait pas autrefois que la présence du tuteur, ou l'autorisation de la famille, fussent pour le mineur des garanties suffisantes ; on avait admis que les
actes d'un mineur étaient rescindables pour cause de
lésion, même lorsqu'il avait été représenté ou assisté
par son tuteur, même encore lorsqu'il avait obtenu
le consentement de sa famille et l'autorisation de la
justice.

« La loi accorde la restitution au mineur, disait
Duplessis [1], toutes et quantes fois qu'il souffre quelque préjudice, soit par son fait à cause de la faiblesse
de son âge, soit par le fait de son tuteur. » « Les
formalités, écrivait Bourjon [2], remplissent la forme
de l'acte, mais n'étouffent pas le privilége des mineurs, de faire détruire les actes par lesquels ils souffrent lésion ; ces formalités n'ayant été établies que
pour mettre les mineurs à l'abri de la lésion, et non
pour les en rendre les victimes [3]. »

Cette règle était empruntée au droit romain (L. 3
et 4, Cod. *si tut. vel cur. interv.*), et personne ne la

---

[1] OEuvres, t. I, p. 646.

[2] *Droit commun de la France*, t. II, p. 587.

[3] C'est ce qui fait dire à Henrys, L. 4, ch. vi, quest. 22 :
« L'aliénation des immeubles d'un mineur est chatouilleuse ; quelque assurance qu'on y recherche, il n'y en a point, et quelquefois ce sont les précautions qui nuisent. On en peut dire ce qu'on
dit des potirons, quelque apprêt qu'on en fasse, l'usage n'en est
pas bon, et la meilleure sauce qu'on y puisse apporter, c'est de
les jeter là. »

contestait [1]. Pothier admettait cependant une restriction que nous devons citer, car on l'a plusieurs fois invoquée contre le système que nous allons développer. « Les mineurs, disait-il [2], ne sont pas restitués pour cause de lésion contre les actes qu'ils ont faits depuis leur émancipation, ou contre ceux que leurs tuteurs ont faits avant leur émancipation, lorsque ces actes sont des actes *de pure administration nécessaire;* par exemple contre des baux faits de leurs héritages pour le temps qu'on a coutume de faire des baux ; contre la vente ou l'achat des choses mobilières, etc. La raison est tirée de l'intérêt même des mineurs, parce que, autrement, ils ne trouveraient que difficilement des personnes qui voulussent contracter avec eux, dans la crainte qu'auraient ces personnes d'avoir des procès sous prétexte de lésion, etc. »

Dans tous ces cas, c'était par voie de rescision que le mineur devait se pourvoir ; il avait à prouver que l'acte attaqué lui avait causé quelque préjudice. Telle était la portée de la règle : *Minor restituitur non tanquam minor sed tanquam læsus.* Pour apprécier la lésion, on suivait entièrement les règles du droit romain.

Là ne se bornait pas la protection que l'on accordait aux mineurs ; les anciens auteurs, suivant encore la loi romaine (L. 49, ff. *de minor.*; L. 11, Cod. *de præd. et aliis rebus minor*), admettaient que l'acte du mineur ou du tuteur agissant au nom de ce dernier était *nul,* lorsque les formalités prescrites par la

---

[1] Voy. Domat, *Lois civiles*, L. 4, t. VI, sect. ii, n. 2; Pothier, *Procéd. civ.*, ch. iv, art. 2.

[2] Pothier, *Procéd.*, ch. iv, art. 2, § 1.

loi n'avaient pas été remplies. Bourjon [1] consacre une de ses distinctions aux actes *nuls par la seule minorité*, et cite comme exemples : 1° la décharge de rendre compte que donne un pupille à son tuteur, 2° la vente d'immeubles faite sans formalités. Pour faire prononcer la nullité de ces opérations, le mineur n'était tenu ni de prouver la lésion, ni d'obtenir des lettres de rescision ; il avait trente ans pour invoquer cette nullité, du moins d'après l'opinion générale et nonobstant l'article 134 de l'ordonnance de 1539, parce que les arrêts de règlement qui avaient déterminé les formes des aliénations des biens de mineurs, étaient postérieurs à cette ordonnance [2].

On eût dû aussi déclarer nulles les aliénations, les obligations d'un mineur qui agissait seul, telle était la théorie, conforme sur ce point au droit romain [3]; mais il est facile de voir, en parcourant les anciens recueils de jurisprudence, que même dans ces hypothèses le mineur prenait des lettres de rescision [4]; c'est d'ailleurs ce qu'atteste Merlin [5].

Le mineur émancipé pouvait invoquer le même bénéfice; l'émancipation ne faisait pas obstacle à la restitution pour cause de lésion, « à moins, disait Bourjon [6], que l'obligation passée par l'émancipé ne fût une suite de la faculté que lui donnait l'émanci-

---

[1] Bourjon, *op. cit.*, t. II, p. 536.

[2] *Sic* Bourjon, *eod. loc.;* Rousseau de Lacombe, v° *Restitution en entier*, sect. I, n. 2.

[3] Voy. Pothier, *Procéd. civ.*, ch. IV, art. 1er; Dunod, *Traité des prescriptions*, sect. II, ch. VIII, p. 177.

[4] Voy. Denizart et Rousseau de Lacombe, v^is *Mineur, Rescision*

[5] *Répert. de jurisprudence*, v° *Mineur*.

[6] *Op. cit.*, p. 593, n. 51.

pation : par exemple si l'obligation était passée pour sa nourriture ou pour son logement. » On lui accordait cependant la restitution, si l'obligation était excessive, c'est-à-dire si elle dépassait la valeur du mobilier et une année de revenu de l'émancipé [1].

Nous avons consulté avec le plus grand soin les travaux préparatoires du Code civil, mais nous n'y avons vu aucune parole qui indiquât l'intention d'abandonner ce système.

Les articles de notre section le combattent-ils ? L'article 1311 suppose qu'il y a des actes nuls et des actes annulables, il se réfère donc à la distinction que nous avons signalée.

L'article 1305 en disant que *la simple lésion* donne lieu à la rescision en faveur du mineur non émancipé, *contre toutes sortes de conventions*, et en faveur du mineur émancipé, contre toutes conventions qui excèdent les bornes de sa capacité, paraît reproduire la maxime : *Minor restituitur non tanquam minor sed tanquam læsus ;* les mots *toutes sortes de conventions,* semblent indiquer qu'il n'y a pas de distinction à faire, que dans tous les cas, de quelque manière que le mineur ait procédé, il se fera relever de ses engagements en prouvant la lésion.

Nous croyons donc que l'on peut appuyer sur le texte du Code les trois propositions suivantes :

1° *Le mineur non émancipé, a l'action en rescision pour cause de lésion, contre toute espèce d'actes, soit qu'il ait agi seul, soit qu'il ait été assisté de son tuteur ou représenté par lui ;*

2° *Le mineur émancipé ne peut attaquer les actes*

---

[1] Bourjon, *eod.*, n. 53.

*qu'il a faits dans les limites de ses pouvoirs (481),
sauf la réduction en cas d'excès (485); il peut faire
rescinder pour cause de lésion, ceux qui exigeaient
l'assistance de son curateur, qu'il ait agi seul ou qu'il
ait effectivement obtenu cette assistance;*

3° *Le mineur, émancipé ou non émancipé, peut
faire annuler, sans prouver aucune lésion, les actes
que la loi assujettit à certaines formalités, toutes les
fois que ces formalités n'ont pas été remplies* (452,
457, 458, 459, 460, 819 et suiv., 467).

Ce système, qui est certainement celui de l'ancien
droit, est cependant généralement abandonné aujourd'hui; on lui oppose des arguments de texte et
des considérations d'utilité générale, on lui reproche
des conséquences bizarres.

La théorie qui compte le plus de partisans, reconnaît aussi des actes nuls en la forme et des actes annulables; elle admet complétement notre troisième
proposition; elle accorde également au mineur non
émancipé l'action en rescision contre les actes qu'il
a faits seul, dans les cas où la loi n'exigeait aucune
formalité particulière, et sous ce rapport elle admet
une partie de notre première proposition; mais elle
lui refuse toute espèce de secours contre les actes
que le tuteur a régulièrement accomplis, en se conformant au mandat dont il est investi par la loi (450).
De même, dans ce système, le mineur émancipé ne
peut attaquer les actes qu'il a faits avec l'assistance
de son curateur, toutes les fois que ces actes n'exigeaient que cette assistance (461), car ils n'excèdent pas les bornes de sa capacité dans le sens de
l'article 1305.

On s'appuie, pour raisonner ainsi et pour repousser

le système que nous avons cru devoir adopter, sur les considérations suivantes :

L'article 1305 suppose que le mineur a agi personnellement, c'est ce qu'indique le second membre de phrase, c'est ce que prouvent tous les articles de notre section. Lors donc que le législateur accorde l'action en rescision, c'est contre les actes que le mineur a faits seul ; quant à ceux que le tuteur a régulièrement effectués comme représentant de son pupille, ils sont inattaquables ; c'est ce que l'on peut conclure de l'article 1314 par argument *a fortiori*, c'est ce qui résulte aussi du passage de Pothier que nous avons cité plus haut.

L'intérêt du pupille exige d'ailleurs le maintien des actes du tuteur, autrement personne ne voudrait traiter avec lui.

On ajoute que notre système présente de grandes bizarreries, le mineur émancipé serait plus capable que le tuteur, car les actes d'administration qu'il fait seul ne seraient pas rescindables pour cause de lésion ; il serait même moins protégé dans les circonstances où il peut agir seul que dans celles où son curateur intervient. La présence du tuteur ou du curateur n'aurait aucune importance, car dans tous les cas le mineur soit seul, soit assisté, soit représenté, aurait la même capacité, celle de faire des actes rescindables pour cause de lésion.

L'histoire nous fournit plusieurs réponses :

Anciennement, on s'exprimait toujours comme l'a fait le rédacteur de l'article 1305, on disait les actes du mineur, aussi bien pour exprimer les opérations qu'il accomplissait personnellement, que celles dans lesquelles son tuteur le représentait. C'était une conséquence de cette idée : *le fait du tuteur est le fait du pupille,* idée qui servait à expliquer la capacité du tuteur. « Un mineur, dit Pothier [1], a besoin de lettres contre le fait de son tuteur, parce que le fait de son tuteur est censé son propre fait : mais cette règle n'a lieu qu'à l'égard des choses renfermées dans le pouvoir d'un tuteur, c'est-à-dire qui concernent l'administration du tuteur. »

Mais, dit-on, ce langage permis aux anciens jurisconsultes est aujourd'hui inexplicable en présence de l'article 450 du Code civil. Cette objection serait vraie si les articles 450 et 1305 avaient été rédigés en même temps et par le même auteur, elle est fausse pour quiconque étudie l'histoire de ces deux dispositions. Dans la rédaction primitive, l'article 75 du titre *de la tutelle,* aujourd'hui 450, portait : « Le tuteur surveille la personne du mineur. Il administre ses biens, il ne peut ni les acheter, etc... » L'article 196 du titre *des conventions,* aujourd'hui 1305, était ainsi conçu : « La simple lésion donne lieu à la restitution en faveur du mineur non émancipé contre toutes sortes de conventions. A l'égard des majeurs, etc... » Ces deux dispositions appartenaient évidemment au même système ; le tribunat fit observer sur la première, devenue l'article 61, que « pour prévenir toute incertitude résultant de la diversité de la jurisprudence, il serait utile de placer entre le premier et le second alinéa de cet article la disposition suivante :

« Il (le tuteur) exercera les actions du mineur, tant en demandant qu'en défendant [2]. » Cette remarque

---

[1] *Traité des personnes,* part. I, t. VI, p. 444, éd. 1823.
[2] Locré, t. VII, p. 225.

motiva la rédaction définitive de l'article 450. Ce n'est donc que pour trancher une question anciennement controversée, et non par suite d'une idée générale contraire à celle de l'ancienne jurisprudence, que l'article 450 a été conçu en ces termes : « Le tuteur prendra soin de la personne du mineur, et le représentera dans tous les actes civils. » Il n'est pas surprenant que ce changement de rédaction n'ait exercé aucune influence sur celle des articles 1305 et suivants. Nos adversaires eux-mêmes, oublient la portée de l'article 450 tel qu'ils le comprennent, lorsqu'ils assimilent les actes du tuteur agissant comme représentant de son pupille, et les actes du pupille autorisé de son tuteur.

A l'argument *a fortiori*, tiré de l'article 1314, on peut opposer un argument *a contrario*. Pourquoi cette disposition, pourquoi les articles 463, 1309, si la règle générale est que le mineur dûment représenté ou assisté est semblable à un majeur?

Il est d'ailleurs une remarque, que me suggère l'histoire de l'article 1314, et qui répond à l'objection. Il n'est question, dans cette disposition, que de la vente des immeubles et du partage des successions, c'est-à-dire de deux opérations dont la loi admet la rescision pour cause de lésion, même entre majeurs. On pourrait en induire, que le législateur ne s'est pas proposé ici, d'assimiler d'une manière générale le mineur représenté par son tuteur à un majeur, mais seulement, de déterminer le taux de la lésion qu'il devrait prouver, lorsqu'il demanderait la rescision d'une vente d'immeubles ou d'un partage de succession. Cette supposition devient une certitude, lorsqu'on se réfère à la rédaction primitive. L'article 197 du projet de la commission portait : « Le mineur n'est pas restituable pour cause de lésion, lorsqu'elle ne résulte que d'un événement casuel et imprévu. *La moindre lésion* suffit lorsqu'elle se trouve dans l'acte même. *Néanmoins, lorsque la vente de son immeuble* a été précédée des formalités requises par la loi, le mineur n'est restituable que *pour les mêmes causes* qui autorisent la restitution du majeur. » L'auteur de cette disposition pensait évidemment à la fixation de la lésion. Le tribunal de cassation [1] et le tribunal d'appel de Poitiers [2] proposèrent d'ajouter : *ou le partage,* après les mots : *néanmoins, lorsque la vente.* On ne tint pas compte immédiatement de cette observation, car l'article proposé au conseil d'État ne parlait encore que de la vente [3] ; elle ne fut reproduite ni au conseil d'État, ni au tribunat, mais elle se représenta sans doute lors de la rédaction définitive de l'article 1314.

Cette observation, si elle est vraie, renferme évidemment la solution négative de la question suivante : Faut-il généraliser l'article 1314 et l'appliquer à tous les cas où la loi prescrit certaines formalités ? (2052, 467.)

Le passage de Pothier n'a pas une grande importance, lorsqu'on le rapproche de la citation que nous avons empruntée au *Traité des personnes* du même auteur, et lorsqu'on s'attache aux termes qu'il emploie : *actes de pure administration nécessaire,* car de pareils actes ne sont que bien rarement une cause de

---

[1] Fenet, t. II, p. 598.

[2] Fenet, t. V, p. 305.

[3] Locré, t. XII, p. 121.

lésion. Ainsi Pothier aurait accordé certainement la restitution au mineur, si le tuteur avait pris à bail un appartement en désaccord avec sa fortune, avait acheté ou vendu des meubles d'un grand prix, des bestiaux nécessaires à une exploitation[1], etc.

La bizarrerie que l'on veut faire résulter des articles 481 et 1305 combinés, n'est qu'apparente; car le mineur émancipé a la ressource de la réduction contre les actes qu'il fait seul (484); il est d'ailleurs d'autres cas où la position du mineur émancipé n'est pas la même que celle d'un tuteur (482, 840, 935).

Quoique nous accordions l'action en rescision au mineur qui a agi par son tuteur, ou avec l'assistance de son tuteur ou curateur, et à celui qui a agi seul, la présence du tuteur ou curateur ne sera pas inutile, car elle rendra la lésion moins probable et par suite l'annulation plus rare; ce sera une garantie que les tiers de bonne foi rechercheront toujours.

Nous ne dirons rien des considérations d'utilité générale, car elles ne sont pas du domaine de l'interprète. On peut répondre que c'est aussi bien contre sa propre faiblesse, que contre la négligence du tuteur, que la loi a voulu protéger le pupille, et citer comme preuve l'article 2252; que le secours qu'elle lui donne sera rarement préjudiciable aux tiers de bonne foi, puisqu'il suppose toujours la preuve de la lésion; enfin que les tribunaux admettront facilement le tempérament de Pothier, lorsqu'il s'agira d'*actes de pure administration nécessaire*.

Dans un autre système, on reconnaît comme nous, que les actes du tuteur représentant son pupille, ou

---

[1] Cf. Bourjon, t. I, 56, n. 83, 84.

du mineur émancipé, assisté de son curateur, sont rescindables pour cause de lésion; mais on dit que tous les actes dans lesquels le mineur non émancipé a figuré seul, ou que le mineur émancipé a accompli sans l'assistance de son curateur, dans les cas où cette assistance était requise, sont nuls en la forme et sont régis par notre troisième proposition.

Les partisans de cette opinion invoquent les articles 450 et 1124 du Code civil. Puisque le mineur est incapable de contracter seul, ses actes, disent-ils, ne doivent avoir aucune valeur; l'article 1305 ne s'applique qu'aux opérations dans lesquelles le mineur a été dûment représenté ou assisté.

Nous répondons :

1° Cette théorie, conforme au droit romain, enseignée par quelques auteurs dans notre ancien droit, n'était pas celle de la jurisprudence (voy. *supra*).

2° On abuse des termes de l'article 1124, si l'on en conclut que le mineur est entièrement incapable de contracter; son incapacité est d'une nature spéciale; il est capable, sauf la ressource de l'action en rescision. C'est ce que disait M. Bigot de Préameneu, au Corps législatif, en ces termes : « Il résulte de l'incapacité du mineur non émancipé qu'il suffit qu'il éprouve une lésion pour que son action en rescision soit fondée. S'il n'était pas lésé, il n'aurait pas d'intérêt à se pourvoir, et la loi lui serait même préjudiciable, si, sous prétexte de l'incapacité, un contrat qui lui est avantageux pouvait être annulé. Le résultat de son incapacité est de ne pouvoir être lésé, et non de ne pouvoir contracter. *Restituitur tanquam læsus non tanquam minor* [1]. »

3° L'argument que l'on tire de l'article 450 du Code civil tombe devant l'histoire de cet article.

4° Enfin, si l'article 1305 s'applique comme nous le pensons aux actes du tuteur, la rédaction de ceux qui le suivent prouve qu'il comprend aussi les actes du mineur.

Il n'est pas nécessaire, pour motiver l'action en rescision, que la lésion soit considérable; la loi n'en détermine l'importance, que pour les cas où elle est une cause de rescision même à l'égard des majeurs (1314). Cette lésion doit résulter de l'acte même qui est attaqué [2], ou tout au moins en être une conséquence qu'il était possible de prévoir.

Le mineur n'est pas admis à s'en prévaloir, lorsqu'elle ne provient que d'un événement incertain, auquel l'homme le plus prudent ne pouvait s'attendre (1306); *non enim eventus damni restitutionem indulget sed inconsulta facilitas* (L. 11, § 4, ff. *de minor.*).

La déclaration de majorité, n'enlève pas au mineur, le droit d'attaquer ses actes pour cause de lésion, dans les circonstances que nous venons d'indiquer (1307); « son inexpérience est la source de cette déclaration, comme elle l'est de l'acte même »[3], la loi d'ailleurs n'aurait jamais atteint son but si elle avait attaché quelque valeur à cette circonstance. Mais il en serait autrement si le mineur avait employé des manœuvres

---

[1] Locré, t. XII, p. 391.

[2] Cf. art. 197 du projet de la commission.

[3] Bourjon, t. II, p. 593, n. 48.

frauduleuses pour faire croire à sa majorité ; il aurait alors commis une espèce de délit dont il devrait supporter les conséquences [1].

Les règles que nous venons de poser reçoivent plusieurs exceptions.

Le mineur ne peut attaquer les engagements qu'il a pris dans son contrat de mariage, lorsqu'il s'y est obligé, avec le consentement et l'assistance des personnes, dont le consentement était requis pour la validité de son mariage (1309, 1095, 1398); cette règle empruntée à l'ancienne jurisprudence n'est que l'application de la maxime : *Qui habilis est ad nuptias, habilis est ad pacta matrimonialia.*

Le mineur commerçant ou artisan, est réputé majeur, pour tous les actes relatifs à son commerce ou à son art (1308). Faut-il conclure de là, que tous les engagements pris par un mineur commerçant soient réputés valables lorsque la cause n'en est pas exprimée? La présomption de l'article 638 du Code de commerce, ne nous paraît s'appliquer qu'aux billets souscrits par des personnes capables.

Nous avons déjà dit que les ventes d'immeubles et les partages de successions, avaient la même force contre les mineurs que contre les majeurs, lorsque toutes les formes prescrites par la loi avaient été remplies, c'est-à-dire qu'on ne pouvait les faire rescinder pour cause de lésion, qu'en justifiant d'une lésion de plus des sept douzièmes pour une vente, de plus du quart pour un partage. Faut-il généraliser cette idée et dire, comme on le fait ordinairement, que dans tous

---

[1] Bigot de Préameneu, exposé des motifs; Jaubert, rapport au tribunat ; Locré, t. XII, p. 391 et 495.

les cas où des formalités spéciales ont été prescrites dans l'intérêt des mineurs, l'acte revêtu de ces formalités est inattaquable? Nous ne le pensons pas, car le rédacteur de l'article 1314 ne se proposait, nous l'avons déjà dit, que de fixer le montant de la lésion dans les cas qui y sont indiqués. Il est d'ailleurs des dispositions qui n'auraient aucune utilité si la règle précédente était vraie (463, 1309, 1314). Nous l'admettons pour les acceptations de donations (463), les répudiations et même les acceptations de successions (461, 462); mais nous la rejetons en matière d'emprunt et de transaction, nonobstant l'article 2052.

Le mineur ne peut se pourvoir contre les obligations qui se forment malgré l'incapacité de l'obligé; ainsi il doit supporter, comme un majeur, les conséquences de ses délits ou de ses quasi-délits, si toutefois il a la conscience de ses actions, s'il est *doli capax*, comme disent les auteurs, mais il pourrait attaquer la transaction qu'il aurait faite à l'occasion de ce délit.

Par la même raison, il n'est pas restituable contre les obligations qui dérivent de la loi ou qui procèdent du fait d'autrui.

Enfin, dans quelques cas particuliers, afin de protéger les tiers contre un préjudice dont ils ne pourraient se garantir, la loi refuse encore l'action en rescision au mineur (942, 1070, 2195).

§ 3. — De la nullité pour cause d'interdiction.

La loi assimile l'interdit au mineur (509); il ne faut pas en conclure que toutes les règles que nous venons d'exposer soient applicables à l'interdiction. Cette disposition exprime seulement, que le mineur et l'interdit sont également en tutelle, que cette tutelle est pour l'un et pour l'autre, en général du moins, soumise aux mêmes règles.

L'incapacité de l'interdit est plus grande que celle du mineur. Aux termes de l'article 502, tous les actes qu'il a passés depuis le jour du jugement d'interdiction sont *nuls de droit*. Cette expression ne signifie pas que ces actes n'aient aucune existence légale, qu'il faille les considérer comme de simples apparences; car il résulte de l'article 1125, que les actes d'un interdit ne sont annulables que sur sa demande et celle de ses représentants. Anciennement, on aurait voulu dire, par cette rédaction, que la nullité des actes de l'interdit pouvait être invoquée immédiatement sans lettres royaux [1]; aujourd'hui elle indique sans doute que l'interdit qui veut faire annuler les actes qu'il a faits de puisson interdiction, n'est pas tenu, comme le mineur, de prouver qu'il a été lésé; il lui suffit d'en montrer la date.

Quant aux actes antérieurs à l'interdiction, il faudrait pour les faire annuler, prouver que la cause de l'interdiction existait notoirement, à l'époque à laquelle ils ont été faits.

L'assimilation de la tutelle de l'interdit à celle du mineur, ramène ici les questions que nous avons examinées en parlant des actes de ce dernier. Nous pensons que la distinction de l'article 1311 est encore nécessaire, seulement on devra mettre sur la même ligne les actes nuls en la forme et les actes que l'in-

---

[1] Merlin, *Répert.*, v° *Interdiction*, § 6, n. 6.

terdit a faits seul, car la preuve de la lésion n'est pas nécessaire pour faire annuler les uns et les autres.

Mais l'interdit, comme le mineur, devrait prouver la lésion s'il voulait se pourvoir contre les actes de son tuteur, lorsque celui-ci s'est renfermé dans les limites de ses pouvoirs, et il pourrait, comme un mineur, les faire annuler. A cette proposition on oppose l'article 1305 qui ne parle que du mineur, tandis que les articles 1304, 1312 et 1314 traitent en même temps du mineur et de l'interdit. Cette omission a même fourni un argument en faveur de l'un des systèmes que nous avons combattus; on en a conclu que l'article 1305 ne s'appliquait qu'aux actes du mineur seul. Nous croyons que c'est attacher trop d'importance à une lacune qui s'explique facilement. L'article 1311 ne parle aussi que du mineur, et cependant, il est certain que l'interdit qui a obtenu la mainlevée de son interdiction, peut également ratifier les actes qu'il a faits pendant qu'elle durait encore. La rédaction de l'article 1305 s'explique d'ailleurs historiquement : dans le projet de la commission, les articles de notre section ne parlaient aucunement de l'interdit, l'article 196 (aujourd'hui 1305), portait déjà : « La simple lésion, etc... » Ce fut le tribunal de cassation, qui proposa de parler de l'interdit, dans les dispositions qui devinrent les articles 1304 et 1312, dans la pensée que l'action en nullité devait durer le même temps, et produire les mêmes effets, qu'elle eût pour cause la minorité ou l'interdiction. Mais on ne songea nullement à notre question.

Si, comme nous croyons l'avoir démontré, les rédacteurs du Code ont entendu reproduire l'ancienne jurisprudence, et protéger le mineur contre la légèreté ou la mauvaise foi de son tuteur, il est évident, que l'interdit soumis à une tutelle semblable, entouré des mêmes garanties, doit avoir les mêmes droits.

CHAPITRE III.

DE L'ACTION EN NULLITÉ OU EN RESCISION.

§ 1. — Histoire et définitions.

Le Code, suivant en cela l'exemple de Domat[1], a considéré la rescision ou la nullité comme un moyen d'éteindre les obligations (1234). Les actions en rescision ou en nullité, dont parlent les articles 1304 et suivants, ne s'appliquent donc qu'aux actes annulables.

Les règles que nous avons à expliquer, viennent indirectement du droit romain. On y distinguait des actes nuls *ipso vel mero jure,* c'est-à-dire inefficaces, selon le droit civil, et des actes valables, d'après la rigueur des principes, mais que le préteur, obéissant à des considérations d'équité ou d'utilité générale, annulait, en donnant aux parties lésées, une exception ou une restitution en entier.

Cette doctrine avait été imitée dans notre ancienne jurisprudence.

D'après la maxime : *Voies de nullités n'ont point de lieu*[2], les nullités prononcées par le droit romain seul, soit qu'elles provinssent de la loi civile, soit

---

[1] *Lois civiles,* l. IV, t. VI.
[2] Loisel, *Inst. coutum.* l. V, t. II, reg. 5.

qu'elles résultassent de l'édit du préteur, ne pouvaient être invoquées directement devant les tribunaux, ni par voie d'action, ni par voie d'exception. Pour s'en prévaloir, les parties intéressées devaient se faire délivrer par les chancelleries des parlements, ou des présidiaux, suivant les circonstances, des *lettres de rescision*. Ces lettres données au nom du roi, sans examen, mandaient au juge de restituer l'impétrant contre l'acte attaqué, s'il reconnaissait l'existence d'une cause de rescision, et lui laissaient le soin d'apprécier la demande, de l'admettre ou de la rejeter. Cet usage était une imitation de la restitution prétorienne; il eut sans doute pour origine, le désir d'étendre les cas royaux[1].

Au contraire, les nullités prononcées par les coutumes ou les ordonnances, pouvaient être proposées en tout état de cause, sans lettres de rescision; on leur appliquait la maxime : *Quod nullum est ipso jure, rescindi non potest*[2].

A cette distinction des causes de rescision et des moyens de nullité, correspondait celle des actes rescindables et des actes nuls de plein droit, c'est-à-dire nuls sans lettres de rescision.

L'action en nullité était perpétuelle, lorsqu'elle reposait sur ce qu'on appelait, improprement selon nous, une *nullité absolue* (voy. *supra*, chap. i); elle durait trente ans, lorsqu'il s'agissait d'une nullité respective[3].

L'action en rescision se prescrivait par dix ans aux

---

[1] Meyer, *Institutions judiciaires*, t. II, p. 449.
[2] Pothier, *Procédure civile*, part. V, ch. iv, art. 4.
[3] Dunod, *Traité des prescriptions*, part. I, ch. xii, p. 78, 79.

termes de l'article 46 d'une ordonnance de Louis XII
de 1510 : « Ordonnons que toutes rescisions de contrats, ou autres actes fondés sur dol, fraude, circon-
vention, crainte, violence ou déception d'autre moi-
tié du juste prix, se prescriront par le laps de dix ans
continuel, à compter du jour que lesdits actes auront
été faits, et que la cause de la crainte, violence, ou
autre cause illégitime, empêchant de droit, ou de
fait, la poursuite desdites rescisions cessera. »

Il en était de même des rescisions pour cause de
minorité; elles se prescrivaient par dix ans depuis la
majorité, d'après l'article 134 de l'ordonnance de
1539 : « Ordonnons qu'après l'âge de trente-cinq ans
parfait et accompli, ne se pourra pour le regard du
privilége ou faveur de minorité, plus déduire, ne
poursuivre la cassation des contrats par restitution,
ou autrement, soit par voie de nullité, pour aliénation de biens immeubles faite sous décret. »

La loi des 7-11 septembre 1790, articles 20 et 21,
supprima les chancelleries établies près les cours su-
périeures et les tribunaux, ensemble l'usage des lettres royaux qui s'y expédiaient, et déclara qu'à l'ave-
nir, « il suffirait dans tous les cas où lesdites lettres
étaient ci-devant nécessaires, de se pourvoir par-
devant les juges compétents pour la connaissance im-
médiate du fond. » Ainsi disparut la différence dans
la procédure entre les actions en rescision et les actions en nullité.

Le Code alla plus loin et abolit la différence dans la
prescription, en disant, article 1304, que l'action en
nullité ou en rescision se prescrivait par dix ans, dans
tous les cas où elle n'était pas limitée à un moindre
temps par une loi positive. Quant à la différence

d'origine, la loi du 30 ventôse an XII lui ôtait toute importance.

Est-il donc utile de distinguer aujourd'hui deux sortes d'actions? En quoi la nullité diffère-t-elle de la rescision? Nous croyons que, pour expliquer la rédaction du Code, il faut se reporter à l'histoire de cet article 1304.

Dans le projet de la commission, on lisait :

« Article 193. L'action tendant à faire déclarer nul un contrat, dure trente ans, excepté dans les cas où la loi restreint certaines actions à un terme moindre.

« Article 194. L'action en restitution ne dure que dix ans, du jour de la convention, ou de la majorité, s'il s'agit d'un mineur.

« Article 195. L'erreur, la violence, le dol, ne donnent lieu qu'à une simple action en restitution. »

L'auteur de ces articles, reproduisait évidemment l'ancienne distinction des actions en nullité et des actions en rescision; mais le tribunal de cassation proposa cette rédaction : « Article 191. L'action en nullité, soit pour cause d'incapacité dans la personne qui s'est obligée; soit pour omission des formalités prescrites dans l'aliénation des biens des mineurs, soit pour cause de violence, d'erreur ou de dol, dure dix ans, excepté dans les cas où la loi restreint ces actions à un moindre terme. Ce délai court, pour les interdits du jour de la réhabilitation ; pour les mineurs pubères et impubères, du jour de la majorité ; et pour toute autre personne du jour de la convention.

« Art. 192. L'effet de l'action en nullité est de faire annuler le contrat sans que le demandeur soit soumis à prouver qu'il a été lésé, mais il est tenu de restituer tout ce qu'il a reçu.

« Art. 193. La lésion donne lieu à l'action en restitution. »

On se fondait, pour motiver cette rédaction, « sur ce que l'on avait dit précédemment que la violence *annulait* les conventions, que l'erreur *annulait*, que le dol *annulait*. Il semblait donc qu'il ne fallait pas dire ici que ces vices essentiels ne donnaient pas lieu à l'action en nullité, mais à une simple action en restitution. » On ajoutait que « toutes actions qui tendaient à faire annuler une convention étaient des actions en nullité; il n'y avait aucune raison de donner aux unes plus de durée qu'aux autres, chacune d'elles ne commençant à courir, que du jour où celui auquel elle appartenait, avait la libre faculté d'agir [1]. »

Ces observations, reproduites en partie par le tribunal d'appel de Paris [2], furent accueillies et motivèrent la rédaction définitive de l'article 1304 [3]. On supprima ainsi toute différence entre les actions en nullité et les actions en rescision; ces expressions sont souvent employées indifféremment par le législateur (Cf. art. 887, 890, 1140, 1141, 1143, 1115). Cependant les mots *rescision*, *restitution*, paraissent s'appliquer surtout aux actes entachés de lésion (Cf. 887, al. 2, 1305, 1306, 1313, 1674 et suivants).

Nous ne croyons pas, d'après cela, qu'il faille aujourd'hui distinguer, comme anciennement, les ac-

[1] Fenet, t. II, p. 597.

[2] Id., t. V, p. 235.

[3] Locré, t. XII, p. 120.

tions en nullité et en rescision. Tout au plus pourrait-on dire, que l'action en rescision est celle qui a pour cause la lésion ; mais cette remarque n'aurait pas une grande importance ; car ainsi entendue, l'action en rescision serait soumise aux mêmes règles que l'action en nullité proprement dite, avec cette seule différence, que le défendeur aurait la faculté de s'y soustraire, en offrant une indemnité suffisante pour faire disparaître la lésion (891, 1681).

§ 2. — Des effets de l'action en nullité ou en rescision.

L'action en nullité ou en rescision n'est pas exclusivement personnelle à la partie au profit de laquelle elle a été établie ; ses créanciers, ses héritiers peuvent l'intenter. Le même droit appartient aux cautions, du moins en règle générale. L'article 2012, dont l'origine est dans la loi 7, ff. *de exception.*, dit à la vérité, que l'on peut cautionner une obligation annulable par une exception purement personnelle à l'obligé ; mais nous croyons, et tel était l'ancien droit[1], qu'il faut restreindre cette disposition aux obligations annulables par suite de l'incapacité de l'obligé, et encore, dans les cas, où il y a lieu de présumer que la caution connaissait cette incapacité, et voulait garantir le créancier, de la nullité qu'elle pouvait engendrer.

L'action en rescision ou en nullité a pour résultat, de mettre les parties dans l'état où elles se seraient trouvées, si l'acte rescindé ou annulé n'avait pas

---

[1] Pothier, *Procéd.*, ch. IV, § 7.

existé. Elles doivent réciproquement se restituer les prestations qu'elles s'étaient faites, et se tenir compte, d'après la règle ordinaire, des dépenses nécessaires ou utiles dont les choses livrées ont pu être l'objet. Elles ont aussi, suivant les circonstances, un compte de fruits et d'intérêts à régler, d'après les bases posées dans l'article 1682.

Ces règles reçoivent exception, lorsque la rescision ou la nullité, a pour cause l'incapacité de l'une des parties; l'incapable ne doit rembourser que ce dont il s'est enrichi, et c'est à l'adversaire à établir le montant de ce profit.

Les conséquences de l'action en rescision ou en nullité, sont opposables aux tiers, on peut toujours invoquer contre eux la maxime : *Resoluto jure dantis resolvitur jus accipientis* (2125), même lorsque la nullité est fondée sur le dol.

§ 3. — De la durée des actions en nullité ou en rescision.

L'article 1304, reproduisant la règle de l'ordonnance de 1510, article 46, dit que « dans tous les cas où l'action en nullité ou en rescision d'une convention n'est pas limitée à un moindre temps par une loi particulière, cette action dure dix ans. »

Nous avons déjà dit (voy. § 1 de ce chapitre) que les rédacteurs du projet de Code avaient conservé l'ancienne distinction des actions en rescision et des actions en nullité, que ce furent les observations du tribunal de cassation qui motivèrent la rédaction définitive de l'article 1304. Nous croyons que le législateur allant même au delà du but que se proposait ce tribunal, a entendu faire une règle générale, pour toutes les actions en nullité ou en rescision des con-ventions, mais seulement des conventions, quel que fût le fondement de cette nullité.

S'il en est ainsi, on peut résoudre facilement, les nombreuses questions que cette rédaction a sou-levées.

Ainsi, nous n'appliquerons pas notre règle aux actions en résolution, car ce ne sont ni des actions en nullité, ni des actions en rescision; elles supposent des contrats originairement valables, et ne sont que les résultats de conditions résolutoires expresses ou tacites.

Nous ne l'appliquerons pas non plus aux actions en réduction de libéralités à titre gratuit ou à titre onéreux, car on ne les a jamais assimilées à des actions en nullité ou en rescision.

Nous en dirons autant des actions en nullité de testament, quelle qu'en soit la cause, car un testament n'est pas une convention.

De même encore, l'article 1304 ne régirait pas l'action en nullité fondée sur l'article 68 de la loi du 25 ventôse an XI. Lorsqu'on invoque la nullité d'un acte notarié ce n'est pas la convention, mais l'écrit, le moyen de preuve que l'on attaque. Sans doute, les parties peuvent renoncer expressément ou tacitement, au moyen de nullité que la violation de la loi leur fournissait; mais en agissant ainsi, elles ne ratifient pas une convention annulable, elles s'enlè-vent seulement la possibilité de la dénier. Nous sup-posons qu'il ne s'agit pas d'un contrat solennel, car alors le contrat ne pouvant se former, qu'à la condition d'être jeté en quelque sorte dans le moule légal, et ce moule étant imparfait, toute ratification expresse ou tacite serait impuissante; ce serait le cas de recourir à la doctrine de l'article 1339.

Mais nous appliquerions l'article 1304 à l'action en rescision d'un partage, que le partage ait été fait par les copropriétaires, ou par un ascendant, si c'est par acte entre-vifs; à l'action en nullité de la vente de l'immeuble dotal, à l'action en nullité fondée sur les articles 1595, 1596, 1597, à l'action en nullité d'une donation, lorsque cette nullité ne tient pas à un vice de forme; car si les donations sont soumises à des règles spéciales, elles sont aussi régies par les principes généraux des conventions.

L'article 1304 devrait déterminer la durée de l'action paulienne; ce point est susceptible de grandes difficultés; mais nous nous fondons sur ce que : 1° l'action paulienne était, dans le droit romain, une véritable action en restitution, soumise aux délais ordinaires, d'abord une année utile, plus tard quatre ans continus; 2° c'est une action en nullité de convention; 3° les motifs qui ont fait restreindre à dix ans l'action en nullité pour cause d'erreur ou de dol, nous paraissent applicables à l'action paulienne. L'ancien droit ne nous fournit aucun document à cet égard; l'action révocatoire n'y était pas en grand usage [1].

Que décider de l'action en nullité d'un traité sur une succession future? L'article 1304 ne saurait la régir; en vain dit-on que cette prescription de dix ans est fondée sur une présomption de ratification tacite,

---

[1] Voy. Rousseau de Lacombe, v° *Fraude*.

et que pareil traité peut être ratifié après la mort du *de cujus*. On oublie la distinction si essentielle des actes nuls et des actes annulables. Un traité sur une succession future n'a aucune existence juridique, car l'engagement du futur successible, a pour objet, une chose que des raisons d'ordre public ont fait mettre hors du commerce, et par suite l'engagement de l'autre partie n'a pas de cause ; aucune ratification ne saurait donc le valider.

Nous ne pouvons épuiser ici, la longue liste des questions que soulève notre article ; il en est encore une cependant que nous devons mentionner.

Lorsqu'un tuteur a agi au nom de son pupille, mais en dehors des pouvoirs que lui donne la loi, par exemple lorsqu'il a aliéné un immeuble sans consulter le conseil de famille, sans recourir à la justice, l'action en nullité contre cette vente se prescrit-elle par dix années ?

On a invoqué, pour l'affirmative, la règle *factum tutoris factum est pupilli,* et la généralité de l'article 1304. Nous ne croyons pouvoir mieux répondre qu'en transcrivant ce passage de Pothier[1] : « Le pouvoir du tuteur ne s'étend pas jusqu'à pouvoir aliéner les immeubles de son mineur. De là il suit que si un tuteur avait vendu et livré un immeuble de son mineur, il n'en aurait pas transmis la propriété à l'acheteur ; et le mineur, devenu majeur, pourrait, dans les trente ans, depuis sa majorité, revendiquer cet immeuble, sans avoir besoin pour cela de lettres de rescision ; car on n'a besoin de ces lettres que pour revenir contre son propre fait.

---

[1] *Traité des personnes,* part. I , t. VI.

Un mineur a besoin de lettres contre le fait de son tuteur, parce que le fait de son tuteur est censé son propre fait : mais cette règle n'a lieu qu'à l'égard des choses renfermées dans le pouvoir d'un tuteur, c'est-à-dire qui concernent l'administration du tuteur. Or, cette vente faite par le tuteur, étant une chose qui excède les bornes du pouvoir du tuteur, n'est pas plus à cet égard le fait du mineur, que ne le serait le fait d'un étranger qui se serait avisé de vendre cet immeuble. Le mineur n'a donc pas plus besoin de lettres pour revendiquer cet immeuble, que s'il avait été vendu par un étranger sans caractère; et le tuteur lui-même dans les choses qui excèdent son pouvoir doit être regardé sans caractère. »

Ainsi l'aliénation serait nulle à l'égard du pupille; il n'aurait pas besoin, pour recouvrer son immeuble, d'intenter l'action en nullité, il pourrait toujours le revendiquer tant que le tiers acquéreur n'en serait pas devenu propriétaire.

Ce délai court du moment où la partie intéressée a, selon l'expression du tribunal de cassation, *acquis la liberté d'agir*, c'est-à-dire, en règle générale, du jour du contrat, et, dans les cas particuliers, où la nullité provient d'un vice de consentement ou d'une incapacité, du jour à partir duquel ce vice ou cette incapacité auront cessé; c'est ce qu'exprime l'article 1304 en ces termes : « Ce temps ne court, dans le cas de violence, que du jour où elle a cessé; dans le cas d'erreur ou de dol, du jour où ils ont été découverts; et, pour les actes passés pour les femmes mariées non autorisées, du jour de la dissolution du mariage.

« Le temps ne court, à l'égard des actes faits par

les interdits, que du jour où l'interdiction est levée; et, à l'égard de ceux faits par les mineurs, que du jour de la majorité. »

La loi du 30 juin 1838 contient, relativement aux actes des personnes placées dans un établissement d'aliénés, une disposition fort sage que nous voudrions pouvoir étendre à ceux de l'interdit. Les dix ans ne courent, à l'égard de l'auteur de ces actes, qu'à partir « de la signification qui lui en a été faite, ou de la connaissance qu'il en a eue, après sa sortie définitive de la maison d'aliénés. Et, à l'égard de ses héritiers, à dater de la signification qui leur en a été faite, ou de la connaissance qu'ils en ont eue depuis la mort de leur auteur. »

L'article 1304 ne parle que de la durée de l'action, faudrait-il limiter à dix ans le droit d'opposer, par voie d'exception, la nullité dont nous nous occupons? Nous ne le pensons pas. La règle *quæ sunt temporalia ad agendum perpetua sunt ad excipiendum* était anciennement d'un usage général [1].

L'article 134 de l'ordonnance de 1539 y avait, à la vérité, dérogé pour la nullité résultant de la minorité, mais cette disposition avait été généralement critiquée ; *in hoc iniqua est constitutio,* disait Dumoulin. Rien ne prouve que les rédacteurs du Code aient entendu abandonner une maxime aussi vulgaire. On a dit, pour la repousser, que cette maxime était parfaitement raisonnable en droit romain, où l'on ne pouvait demander la restitution, tant qu'on avait la ressource de l'exception, où l'action en restitution ne

---

[1] Cf. Henrys, t. II, p. 961; Dunod, *Prescriptions,* part. I, ch. XII, p. 78.

durait qu'un an ; mais qu'elle n'avait pas de motifs chez nous, où la partie intéressée pouvait toujours agir sans attendre l'attaque de son adversaire. Nous ne croyons pas que cette observation soit d'un grand poids pour expliquer l'intention des rédacteurs du Code civil. Ils n'ont probablement pas songé à la vraie cause du brocard : *Quæ sunt temporalia,* etc... On l'expliquait communément, et on l'expliquerait encore aujourd'hui, en disant qu'il ne faut pas encourager les procès ; que le silence du possesseur se conçoit parfaitement, tant qu'il n'est pas attaqué ; qu'il ne faut pas le pousser à agir contre un adversaire qui n'aurait peut-être jamais rien réclamé.

Les termes de l'article 1304 sont d'ailleurs tout à fait favorables à cette solution.

Ce délai de dix ans constitue une véritable prescription ; c'est ainsi que les anciens auteurs l'ont toujours considéré[1] ; la prescription n'est-elle pas, selon la définition de Dunod[2], « un moyen de s'affranchir des droits incorporels, des actions et des obligations, lorsque celui à qui ils appartiennent néglige pendant un certain temps de s'en servir et de les exercer ? » Elle serait donc interrompue ou suspendue de la même manière que la prescription ordinaire. Telle était l'ancienne doctrine[3], rien ne prouve que les rédacteurs du Code aient entendu l'abandonner.

La ratification expresse ou tacite de l'acte annulable ou rescindable, a évidemment le même effet que la

---

[1] Cf. Loisel, *Inst. cout.,* L. V, t. III, règ. 5; Pocquet de Livonière, ch. x, n. 31; Dunod, part. II, ch. viii.

[2] Ch. 1er, au commencement.

[3] Pothier, *Procéd. civ.,* ch. iv, art. 2, § 6.

ratification présumée ; aussi crée-t-elle une fin de non-recevoir insurmontable, lorsqu'elle émane d'une personne capable, et qu'elle réunit les conditions prescrites par l'article 1338.

POSITIONS.

I. Les actes prohibés par la loi sont ordinairement nuls.

II. Le mineur non émancipé a l'action en rescision contre toute espèce d'actes, soit qu'il ait agi seul, soit qu'il ait été assisté de son tuteur ou représenté par lui.

III. Le mineur émancipé ne peut attaquer les actes qu'il a faits dans les limites de ses pouvoirs (481), sauf la réduction en cas d'excès (485); il peut faire rescinder pour cause de lésion, ceux qui exigeaient l'assistance de son curateur, qu'il ait agi seul ou qu'il ait effectivement obtenu cette assistance.

IV. Le mineur émancipé ou non émancipé, peut faire annuler sans prouver aucune lésion, les actes que la loi assujettit à certaines formalités, toutes les fois que ces formalités n'ont pas été remplies.

V. L'interdit peut faire annuler, pour cause de lésion, les actes de son tuteur.

VI. L'action en nullité pour cause de dol peut être invoquée contre les tiers.

VII. L'article 1304 est applicable à l'action paulienne.

VIII. Les actes que le tuteur a faits au nom de son

pupille, et en dehors des limites de ses pouvoirs, ne lient jamais le mineur, même après dix ans depuis la majorité.

IX. L'action en nullité d'un traité sur une succession future est imprescriptible.

X. L'article 1304 n'est pas contraire à la règle : *Quæ temporalia sunt ad agendum, perpetua sunt ad excipiendum.*

XI. Le délai de dix ans de l'article 1304 est une prescription, les causes ordinaires de suspension y sont applicables.

www.ingramcontent.com/pod-product-compliance
Ingram Content Group UK Ltd.
Pitfield, Milton Keynes, MK11 3LW, UK
UKHW021650130726
13696UKWH00004B/1528